**UNIVERSITÉ DE FRANCE.**

FACULTÉ DE THÉOLOGIE PROTESTANTE DE STRASBOURG.

# ABAUZIT ET SA THÉOLOGIE

## THÈSE

PRÉSENTÉE

à la Faculté de Théologie protestante de Strasbourg,

ET SOUTENUE PUBLIQUEMENT

le    mai 1865, à    heures du soir,

POUR OBTENIR LE GRADE DE BACHELIER EN THÉOLOGIE,

PAR

**ALPHONSE GIBERT,**

D'UZÈS (GARD).

STRASBOURG,
TYPOGRAPHIE DE G. SILBERMANN, PLACE SAINT-THOMAS, 3.
1865.

A MES PARENTS.

A MES AMIS.

A. GIBERT.

## FACULTÉ DE THÉOLOGIE PROTESTANTE DE STRASBOURG.

M. BRUCH ✻, Doyen de la Faculté.

MM. BRUCH ✻,
    RICHARD,
    REUSS ✻,
    SCHMIDT,
    COLANI,
    LICHTENBERGER, } Professeurs de la Faculté.

M. RICHARD, Président de la soutenance.

MM. RICHARD,
    LICHTENBERGER, } Examinateurs.
    REUSS ✻,

*La Faculté n'entend ni approuver ni désapprouver les opinions particulières au candidat.*

# ABAUZIT ET SA THÉOLOGIE.

### Introduction.

Notre siècle ne crée pas, il analyse, il juge. Il applique les règles de la critique la plus conforme aux principes de la droite raison, dans le domaine, de la pensée, du sentiment et des faits; et dans les jugements qu'il a déjà portés il s'est montré sévère à l'égard de l'ancienne science théologique, jusqu'à lancer contre elle une sorte d'arrêt de mort. « Cette ancienne science théologique, dit M. Nicolas, dans laquelle presque tout était de convention, se proposait moins de chercher, sans parti pris, dans l'Écriture sainte, ce qu'elle dit réellement, que d'y trouver les doctrines reçues dans l'Église. On avait élevé ce procédé arbitraire d'interprétation à la hauteur d'une théorie; on l'appelait *le principe de l'analogie de la foi*[1]. »

La science théologique de nos jours repose au moins sur une base solide. Par une étude approfondie des textes sacrés et par l'histoire des idées elle montre les vérités religieuses renfermées dans les Saintes-Écritures, débarrassées des préjugés humains qui en ont si longtemps terni l'éclat. Elle montre que ces mêmes vérités, qui charment et satisfont les consciences, sont

[1] Michel Nicolas, *Études critiques sur la Bible* (Nouveau Testament).

éternelles et d'origine divine : brillants résultats obtenus par une interprétation d'accord avec les données de l'intelligence et de la raison !

Abauzit, ce chrétien et ce sage, par la vigueur de son intelligence et la rectitude de son jugement, s'est élevé à la hauteur de ces grandes idées. Il les a pressenties, il en a eu l'intuition. Un rayon de cette lumière divine qui doit rejaillir avec abondance du christianisme bien compris, est descendu dans son esprit, et son âme s'est doucement sentie réchauffée par le souffle vivifiant de cette sublime charité que les hommes ne peuvent jamais faire naître dans leurs cœurs, parce qu'il leur est impossible de vivre de la vie du Maître par excellence. Abauzit a connu la vie de charité, de dévouement, et, ce qui est assez rare à son époque, il a su allier la science à la foi.

Pour mon compte, j'aime Abauzit. La grandeur de son caractère vraiment chrétien m'a réjoui ; l'élévation de ses pensées m'a séduit, la profondeur de ses convictions m'a satisfait, et la douceur de son âme si belle et si aimable m'a vivement ému. Quiconque le connaît doit l'aimer, car il peut être considéré comme un modèle de beauté morale et surtout de charité. Le récit de sa vie et les appréciations de ses contemporains ne contrediront pas notre assertion ; en outre, l'exposé de sa théologie nous montrera avec évidence la vivacité, la pénétration et la logique de cette vaste intelligence.

## Vie d'Abauzit.

Firmin Abauzit naquit à Uzès le 11 novembre 1679. Ses parents appartenaient à l'une des meilleures familles du pays. A l'âge de deux ans il perdit son père, qui confia sa jeunesse aux soins de sa mère, femme d'une piété profonde, d'un dévouement à toute épreuve, et d'un courage étonnant, qu'elle sut déployer dans les pénibles circonstances qu'elle dut traverser avec son fils. En effet, la révocation de l'Édit de Nantes vint jeter d'une manière aussi brusque qu'inattendue la consternation et le désespoir parmi les protestants. Leurs biens furent confisqués, les récalcitrants envoyés aux galères et leurs enfants enlevés pour être instruits dans la religion catholique. Le jeune Abauzit fut l'objet des poursuites ardentes de l'évêque d'Uzès ; mais grâce à la sollicitude et à l'énergie de sa mère il put lui échapper. A la fin pourtant, les recherches actives du fougueux prélat triomphèrent du dévouement maternel, et le jeune Firmin tomba entre les mains de ce satellite de l'inquisition. Cependant rien ne fut perdu, car l'on parvint à le faire enlever et à le conduire sain et sauf, malgré la plus grande surveillance déployée sur les frontières de l'État par les commissaires du roi, à Genève, où sa mère le rejoignit bientôt, après avoir résisté aux rigueurs d'une courte mais dure captivité dans les cachots de l'évêque persécuteur. A Genève, dans ce tout petit pays, pays de lumière et de liberté, Abauzit reçut par les soins de sa mère les principes d'une véritable éducation chrétienne, et le germe fécond de ses vastes connaissances, que sa modestie en cette occasion blâmable lui défendit de propager plus tard parmi les citoyens Genevois qui lui avaient donné une si précieuse hospitalité.

Après avoir fini ses cours d'étude à Genève, pour augmenter ses connaissances par le commerce des hommes savants de l'époque, il se mit à voyager. En 1698 il partit pour la Hollande. Là il fit connaissance avec les Jurieu, les Basnage, les Bayle, dont il dut admirer la vaste science et le génie. De là il se rendit à Londres, où il rencontra saint Evremond, ce vieillard spirituel et frondeur qui lui prédit sa future grandeur comme homme de bien. Il connut encore Newton, avec lequel, à partir d'alors, il fut dans une correspondance suivie, et dont il reçut ce compliment flatteur : « Vous êtes bien digne de juger entre Leibniz et moi. » Ces mots sont la caractéristique fidèle de notre auteur : sa science le mettait à la hauteur de Newton et de Leibniz, et son grand jugement le rendait capable de décider entre les deux. Le roi d'Angleterre, Guillaume III, lui fit faire des offres brillantes dans l'intention de se l'attacher, mais Abauzit les refusa.

De retour à Genève, il n'accepta par modestie que la place de bibliothécaire et le droit de bourgeoisie que le gouvernement lui conféra gratis, grâce à son mérite personnel et à ses lumières. Il voulut conserver son indépendance et sa liberté pour se livrer à loisir à l'étude de toutes les branches de la science : mathématiques, philosophie, belles-lettres, critique, philologie, antiquités, géographie, histoire ancienne et moderne. Mais il s'occupa avec prédilection de la religion chrétienne, qu'il étudia dans ses sources au moyen de la critique sacrée, et ses travaux critiques, il est vrai, ont jeté de son temps quelque lumière sur les passages difficiles de l'Écriture sainte. Ses contemporains nous en rendent témoignage, témoignage qui sera confirmé, nous pensons, par l'exposition de ses idées. Toutes ces études pourtant n'empêchèrent pas Abauzit d'atteindre à une vieillesse assez avancée; il mourut le 28 mars 1767 à l'âge de quatre-vingt-huit ans, avec la sérénité du sage, et l'espérance du chrétien. Simplicité et modestie, telles furent ses deux qualités éminentes! Ses biographes et ses contemporains pourront nous fournir quelques traits et quelques appréciations qui procureront à nos lecteurs le moyen de se représenter la physionomie et le caractère de ce trop modeste savant.

« S'étant nourri, dit un de ses biographes, de l'étude des saintes lettres, et ayant étudié la religion de bonne foi, sans préjugés, et avec la plus grande impartialité, il n'était pas moins pieux qu'éclairé; mais sa piété, sa religion, bien éloignée de s'afficher, n'avait rien d'outré, de trop austère; c'était une piété vraiment raisonnée. Sage chrétien, il était plein de douceur et de charité pour les hommes. Vrai philosophe, il était bien éloigné d'être intolérant; il savait combien il est difficile d'être toujours en garde contre les préjugés et de se défaire de ses erreurs, et il poussait le support et l'indulgence aussi loin que la raison pouvait le permettre. S'il critiquait cependant quelquefois, c'était avec douceur et ménagement. Il plaignait les incrédules, mais il ne s'irritait point contre eux; il se contentait de justifier la religion chrétienne avec douceur et par des raisonnements solides contre leurs attaques. » Et plus loin: « Son air était plein de candeur et de franchise; ses mœurs étaient douces et innocentes: la sérénité de son âme se peignait sur sa physionomie, et un air de bonté et de bienveillance se répandait sur son visage lorsqu'on l'approchait. Tranquille dans tous les temps et dans toutes les circonstances, d'une parfaite douceur de caractère, d'une égalité d'esprit soutenue, il ne sut jamais se fâcher. Seulement l'avait-on vu quelquefois marquer un peu de vivacité lorsqu'on l'avait mis sur le chapitre des jésuites. Il les connaissait bien; mais, ce qui l'indisposait en particulier contre eux, c'est qu'il les regardait comme les auteurs des malheurs de la France, persuadé que c'étaient eux qui, par leurs intrigues, avaient opéré la révocation de l'Édit de Nantes, et attiré sur les réformés du royaume, les persécutions qui suivirent cette révocation. »

Dans un discours, pour honorer la mémoire de notre modeste savant, le recteur de l'Académie de Genève s'écrie: *Verbo, Sapiens, ille fuit, et pius Christi discipulus.* Mais l'éloge le plus brillant est sans contredit celui que lui a consacré, dans une note de sa *Nouvelle Héloïse*, le grand citoyen genevois J. J. Rousseau.

« Non, ce siècle de la philosophie ne passera point sans avoir produit un vrai philosophe. J'en connais un, un seul, j'en conviens; mais c'est beaucoup encore, et pour comble de bonheur c'est dans mon pays qu'il existe. L'oserai-je nommer ici, lui dont la véritable gloire est d'avoir su rester peu connu? Savant et modeste Abauzit, que votre sublime simplicité pardonne à mon cœur un zèle qui n'a point votre nom pour objet. Non, ce n'est pas vous que je veux faire connaître à ce siècle indigne de vous admirer; c'est Genève que je veux illustrer de votre séjour; ce sont mes concitoyens que je veux honorer de l'honneur qu'ils vous rendent.

Heureux le pays où le mérite qui se cache est d'autant plus estimé! Heureux le peuple où la jeunesse altière vient abaisser son ton dogmatique devant la docte ignorance du sage! Vénérable et vertueux vieillard! vous n'aurez point été prôné par les beaux esprits; leurs bruyantes académies n'auront point retenti de vos éloges; au lieu de déposer comme eux votre sagesse dans des livres, vous l'aurez mise dans votre vie pour l'exemple de la patrie que vous avez daigné vous choisir, que vous aimez et qui vous respecte. Vous avez vécu comme Socrate; mais il mourut par la main de ses concitoyens, et vous êtes chéri des vôtres! »

Tel fut l'homme. Voyons quels furent ses principes moraux et religieux; quelles furent ses opinions sur Dieu, sur Jésus-Christ et sur l'homme; en un mot quelle fut sa théologie.

## Théologie d'Abauzit.

Cette partie de notre travail présentera quelques difficultés par la seule raison qu'Abauzit n'a pas fait de système de théologie. Toutes ses idées se trouvent exposées dans une série de chapitres, en majeure partie d'exégèse sans lien qui les rattache. Nos efforts consisteront donc à coordonner ces chapitres et à en extraire toutes les idées auxquelles nous donnerons le plus d'ordre et de suite possible.

Pour ce qui concerne l'existence de Dieu Abauzit ne se contente pas d'un simple *a priori;* il lui faut des preuves qui satisfassent pleinement sa raison. Il démontre l'existence de Dieu par l'impuissance des êtres matériels de se tirer du néant; par le mouvement que ces êtres possèdent et qu'ils n'ont pu se donner eux-mêmes; par la pensée qui commence chez l'homme; par la structure et la proportion, l'ordre et l'enchaînement des parties de l'univers; par la création du monde; par l'impossibilité de son éternité et la formation des objets visibles et réels au moyen des atomes crochus sous l'influence du hasard. Dieu existe; il est parfait, éternel, juste, bon; il est saint. Par le fait même de ses perfections, après avoir créé le monde il doit le conduire par sa providence. La providence n'est pas une création continue, parce que Dieu serait alors la cause unique de tout ce qui arrive et que l'homme ne possèderait plus sa liberté. La providence divine doit être bien comprise: elle s'applique d'abord aux choses inanimées et privées de raison qui, dénuées de toute intelligence, doivent être conduites par un guide supérieur aux fins auxquelles elles tendent. « Elles ont besoin, dit-il, d'un conducteur éclairé, d'une providence sage qui les dirige chacune suivant sa destination par une voie convenable à sa nature. » Cette providence dans son application est indépendante et ne se trouve soumise à aucune loi; la loi serait un obstacle à Dieu dans ses desseins d'amour sur le monde. La providence s'applique ensuite à l'homme dans sa formation et son développement matériels; en outre, elle lui donne la liberté pour s'élever au-dessus de la fragilité du monde, et la raison pour éviter les piéges de l'erreur et du vice. L'homme est donc indépendant du monde par sa liberté, mais il est dépendant de Dieu en vertu des lois qu'il lui a données.

Jusqu'ici notre auteur a cherché à démontrer l'existence et la providence de Dieu à l'aide de sa raison. C'est là la méthode ordinaire de la philosophie. Cette méthode, il ne l'abandonnera pas, et avec le sentiment de la fidélité et du prix inestimable de ce guide éclairé il lui empruntera encore ses lumières pour une rapide excursion dans le domaine des faits moraux.

Il s'agit de savoir si l'homme est régi par des lois, et si ces lois viennent de Dieu. Si la loi existe, il y a bien et mal, vice et vertu ; « la vertu sera une disposition, dit Abauzit, à pratiquer ce que la loi ordonne, et le vice consistera dans l'habitude de faire ce qu'elle défend. » La nécessité de lois pour gouverner le monde est infailliblement prouvée par le fait que ces lois sont la conséquence du principe supérieur qu'on a déjà posé, Dieu.

La nécessité de lois est encore prouvée par le besoin d'harmonie et d'égalité dans le monde matériel et dans le monde spirituel et moral. Mais pour l'homme en quoi consiste la loi? Elle ne se résume pas en certaines maximes morales qui ne sont pas absolument évidentes par elles-mêmes et qui varient de peuple à peuple. La loi peut se trouver dans un principe général de morale, que notre auteur puise dans la prudence, la sagesse, l'amour de l'homme pour Dieu et le prochain, et enfin dans la bonté de Dieu, qui veut le bonheur et la conservation des hommes. Chose étrange! ce principe général de morale ne présente-t-il pas une analogie frappante avec les vérités de la religion chrétienne?

N'est-il pas la base même de la sublime doctrine du Christ? Mais continuons. La loi donc existe puisqu'elle prend sa source dans la bonté de Dieu et la nature de l'homme. Cette loi, qui découle ainsi d'un Être éternel et de l'élément divin qui réside dans la conscience humaine, ne doit pas être empreinte du sceau de la fragilité; elle doit être éternelle comme son principe, et son application à l'infini procure à l'homme l'immortalité. Abauzit prouve encore l'immortalité de l'âme par des arguments qui n'ont pas le mérite de la nouveauté, mais que l'on peut considérer comme le produit du simple bon sens: impossibilité pour l'âme de disparaître, puisque le corps, tout en se dissolvant, n'est pas anéanti; justice de Dieu dans la récompense de la vertu et dans la punition du crime prospère.

Voilà d'après notre auteur les grandes découvertes que l'homme peut faire au moyen de ses facultés naturelles, au moyen de son intelligence et de sa raison: par elles il a le pouvoir de pénétrer dans le domaine de l'infini, d'y saisir la source de la vie, et d'y alimenter la vie même de son âme par l'adoration de l'Être absolu. Mais l'homme n'a pas eu assez de puissance dans le cœur et pas assez de force dans l'intelligence pour comprendre le but sacré de son existence ; il s'est laissé facilement séduire par les douceurs d'une nature enchanteresse et lâchement entraîner par les brillantes promesses de mystérieuses intelligences qu'il croyait voir dans tout ce qui l'entourait ; il s'est laissé fasciner par le prestige du génie bienfaisant. Malheureusement l'ingratitude n'a pas été sa réponse. A la matière il a donné son cœur, qu'il ne devait qu'à Dieu ; aux grands hommes son adoration, qu'il ne devait qu'à l'Être qui demande un culte en esprit et en vérité. L'idolâtrie fait donc son apparition dans le monde, grâce à la faiblesse et à l'impuissance de l'homme. Cependant le règne de cette idolâtrie ne devait pas être d'éternelle durée, car le génie, qui semble un instrument dans les mains de Dieu pour l'accomplissement de ses desseins sur la terre, en avait déjà préparé la ruine, achevé plus tard par le sentiment religieux délivré de ses antiques entraves et respirant enfin avec bonheur l'air pur de la liberté. L'homme a par conséquent dévié du droit chemin, et par cette malheureuse déviation il a violé la loi divine et la loi naturelle, puisque par les seules lumières de sa raison il aurait pu découvrir le véritable objet de son culte ; mais heureusement l'humanité n'était pas complétement abandonnée à elle-même : ses destinées étaient entre les mains d'un Père et d'un Sauveur.

« Si l'on jette les yeux sur le paganisme, dit notre auteur, l'on conviendra de la nécessité d'une révélation. On y verra les lumières de la nature presque ensevelies dans la corruption, la connaissance du vrai

Dieu entièrement éteinte, des hommes déifiés après leur mort, les bêtes même, les plantes transformées en divinités. On y verra des autels bâtis au vice, à l'impudicité, à l'ivrognerie. Jugez par là des mœurs de païens. On est ordinairement porté à imiter la divinité qu'on adore, et on ne se défend pas à soi-même des actions qu'on attribue à l'objet de son culte. On peut donc s'imaginer quelle était la vie des hommes lorsqu'ils avaient des idées si étranges de la divinité ; et combien peu de scrupules ils se faisaient de l'adultère et de la rebellion, lorsqu'ils concevaient le plus grand de leurs dieux comme un adultère et comme un fils rebelle. Et ce désordre est général : il ne règne pas seulement parmi les peuples grossiers et barbares, on le voit parmi ceux là qui se piquaient le plus de savoir et de politesse. »

Quelle sera maintenant la nature de cette révélation ? Consistera-t-elle en de nouvelles vérités introduites par la bonté de Dieu dans le monde pour le salut définitif de l'homme ? Elle sera tout simplement le rétablissement de la religion naturelle, car « Dieu ne pouvait changer le cœur des hommes par une impression aveugle en agissant sur eux comme sur des pierres ; il devait agir d'une manière conforme à leur nature, qui est d'être raisonnable, en rétablissant la religion naturelle, et en y ajoutant une seconde révélation qui suppléât aux obscurités de la première. »

Cette seconde révélation confiée au peuple élu de Dieu pour le bonheur de l'humanité porte la marque de son origine divine, puisqu'elle s'accorde avec tout ce qu'enseigne la raison humaine, reflet elle-même de la raison éternelle. Comme la raison, elle admet la morale, repousse l'éternité du monde, adopte la création par une cause intelligente, enseigne l'amour, la justice, la liberté de Dieu, la dépendance de l'homme vis-à-vis des lois de la nature, et enfin la justice et la charité envers les hommes. Cette seconde révélation vient de Dieu, qui la communique à Moïse. Abauzit s'efforce de le prouver par le témoignage de l'Ancien Testament. Cette révélation est-elle bien celle que Jésus-Christ a apportée aux hommes? Guidé par la lumière d'en haut, l'a-t-il puisée à sa véritable source? Dans le but de soustraire l'humanité au joug avilissant de despotes cruels, et de donner la vie aux âmes flétries, desséchées par l'aridité d'un formalisme étouffant, a-t-il ressuscité cette antique révélation renfermée dans les écrits du plus humain des législateurs, cette révélation, source autrefois d'inspirations sublimes, de magnifiques élans de poésie religieuse de grands héroïsmes, et maintenant effacée par les ordonnances stériles d'un parti rigoureux, inflexible? « Jésus-Christ était venu dans le monde pour en bannir l'ignorance et la superstition, pour enseigner aux hommes une doctrine qui les ramenât du vice à la vertu, de la misère dans laquelle ils vivaient à une véritable et solide félicité, doctrine qui n'avait qu'à paraître, ce semble, pour être reçue avec empressement, tant elle a d'attrait et de majesté, tant elle a de forces pour gagner les cœurs, mais que les préjugés secondés de passions tâchèrent d'étouffer à sa naissance. »

Il ressort clairement du passage cité que Jésus-Christ a reçu la sublime mission de redresser le cœur des hommes, de réveiller les germes féconds d'amour et de vertu enfouis et comme perdus dans les ténébreuses profondeurs de leurs consciences et de les faire enfin germer, croître et fleurir au soleil de la vérité. Sa mission consiste donc dans le rétablissement et le développement de la religion naturelle au moyen de la seconde révélation, qui n'est elle-même que le rétablissement et le développement de la religion naturelle. Par conséquent Jésus-Christ reproduit la seconde révélation, que les hommes n'ont pas voulu recevoir et qui cette fois par la puissance de Jésus se répandra dans le monde. Mais quel est cet être étonnant doué de cette puissance inouïe, de ce pouvoir surhumain? Est-il un homme? Est-il un Dieu? Est-il Dieu lui-même? Nous touchons ici au difficile problème de la nature, de la divinité du Christ. La divinité du fondateur du christianisme peut-elle être considérée comme l'unique produit de l'Église chrétienne? Celle-ci ne lui a pas donné naissance puisqu'elle se trouve contenue en germe dans les déclarations expresses de plusieurs apôtres, mais elle l'a développée. Prenant pour point de départ les données diverses des récits évangéliques sur le caractère de Jésus, dans le désir de connaître et d'approfondir, et sans avoir conscience de la vanité et de la folie de ces recherches sur les choses infinies à cause même de la nature finie, de l'intelligence humaine, dans le désir disons-nous de connaître le rapport qui existe entre le Père et le Fils, et peut-être comme le dit Grégoire de Nysse[1] « dans le but d'établir un compromis entre le judaïsme et le polythéisme, en professant la croyance à un Dieu unique avec le premier, et en reconnaissant avec le second une pluralité dans la

---

[1] Grégoire de Nysse, *Oratio catechetica*.

divinité,» l'église chrétienne, l'église sans contredit de la formation et du développement des dogmes, par l'emploi de la métaphysique la plus subtile et la plus raffinée, par des controverses orageuses, par des luttes ardentes, par des anathèmes, par l'exil, par la persécution du parti vaincu, a réussi à donner au Sauveur du monde les attributs du Dieu souverain! L'Église des siècles postérieurs a reçu cette divinité comme un précieux héritage et l'a considérée comme le fondement du christianisme lui-même. A leur tour les Églises séparées l'ont admise et maintenue en la prouvant par les livres sacrés lorsque le souffle de l'incrédulité faisait chanceler le trône de leur Dieu. Au milieu du siècle dernier, les orthodoxes formant la majeure partie des églises protestantes, ont défendu cette divinité du Christ contre l'esprit railleur et sceptique des philosophes par une exégèse assez arbitraire des passages qui étaient en faveur de leur cause. Nullement satisfait du résultat de leurs interprétations, Abauzit a voulu leur prouver que par une exégèse sérieuse des mêmes passages de l'Écriture sainte l'on devait arriver à un sens diamétralement opposé.

En parcourant les nombreuses explications qu'il donne des parties controversées des livres saints, l'on est vivement frappé de sa connaissance approfondie de la langue des auteurs sacrés, de son esprit d'analyse, et, qu'on nous permette l'expression, de son habileté à disséquer la pensée de l'écrivain. Le résultat auquel tous ces travaux exégétiques l'ont conduit consiste dans la preuve de la dépendance et de la subordination du Fils vis-à-vis du Père. Un exposé sommaire de ses études critiques pourra permettre d'en juger.

L'apôtre saint Jean n'a pas écrit son évangile dans le but de prouver aux hommes la divinité de son maître bien-aimé. Il a voulu démontrer que la sagesse de Dieu, qui a brillé dans la création du monde, n'a pas moins brillé d'un plus vif éclat dans l'Évangile. « Croire, dit Abauzit, que cette sagesse est devenue chair, que la divinité s'est transformée en homme, ce serait choquer les notions communes du bon sens. » Mais cette sagesse est devenue sensible dans la personne de Jésus-Christ, dans sa doctrine, ses discours et sa conduite : elle a été une lumière en Christ pour conduire l'humanité à la vie et à la vérité.

L'auteur de l'épître aux Hébreux de son côté montre la glorification progressive et croissante de l'homme Jésus. Après avoir rempli sur la terre les fonctions de prophète, en répandant le royaume de Dieu dans le monde, de grand sacrificateur en purifiant les hommes de leurs péchés, et en allumant dans leurs cœurs le feu de l'amour divin, Dieu lui confère le titre de roi, le déclare le maître des peuples, et le fait asseoir à sa droite en récompense de sa vie de sainteté, d'amour et de dévouement. Quelle glorification ! Et de quelle grandeur n'entoure-t-elle pas l'humanité ? L'homme idéal, l'homme parfait préside avec Dieu aux destinées du monde !

Enfin l'apôtre des Gentils considère Jésus-Christ comme un homme approuvé de Dieu à cause de sa perfection et de son humilité. Sa douceur a fait sa force et son abaissement son *exaltation*[1]. Voilà les

---

[1] Nous donnons ici un échantillon de l'exégèse d'Abauzit pour que nos lecteurs puissent en juger; il s'agit du fameux passage de l'épître aux Romains, chap. IX, v. 5, passage sur lequel les orthodoxes se

idées de notre auteur sur la nature du Christ. Elles sont, comme il est facile de le voir, la contre-partie des idées orthodoxes de son temps. Loin d'être effrayé d'un pareil résultat il blâme au contraire les orthodoxes de leurs subtilités en leur prouvant que ces dernières amèneront la ruine de la cause qu'ils défendent. Pour une solide défense de leur dogme favori ils devraient s'appuyer sur des arguments rationnels et principalement sur une exégèse impartiale de l'Écriture sainte, dont l'esprit est bien différent de l'esprit sec et étroit de leur système dogmatique.

Nous le voyons bien, le témoignage que les apôtres rendent sur la personne du Sauveur n'est pas favorable aux prétentions hardies des défenseurs d'un dogme que

sont de tout temps appuyés pour la défense de la divinité de Jésus-Christ. Les orthodoxes traduisent ce passage de cette manière : desquels est Christ, selon la chair qui est Dieu sur toutes choses, béni éternellement. Abauzit traduit ainsi : desquels est Christ selon la chair ; Dieu qui est sur toutes choses soit béni éternellement ! Cette traduction est conforme aux paroles de l'original et convient à la suite du discours. En effet, Paul, après avoir énuméré tous les avantages accordés au peuple juif par Dieu, leur montre le grand bienfait qu'il leur accorde encore en faisant sortir Christ de leur nation. A la fin de son énumération, l'apôtre, plein de reconnaissance, remercie Dieu et lui rend de très-humbles actions de grâce en disant : Dieu qui est sur toutes choses soit béni éternellement. Abauzit prouve ensuite le sens qu'il donne au passage par des arguments que l'exégèse actuelle est bien loin de rejeter. 1° L'article « ὁ », objet principal de la discussion ne se rapporte jamais au mot qui le précède, mais au mot qui le suit ; la langue grecque l'exige. Pour le sens que les orthodoxes soutiennent, il faudrait le pronom relatif ὅς, et non l'article ὁ ; 2° l'expression « selon la chair » n'est mise par les auteurs sacrés que pour mieux faire éclater le caractère divin du Christ ; 3° le mot « soit » se sous-entend ordinairement à propos d'une bénédiction dans de nombreux passages : Éph., ch. I, 3 ; 1 Pierre, ch. I, 2 ; 4° aucune doxologie n'est à l'adresse de Jésus-Christ, mais à celle de Dieu.

G.

la critique de nos jours ne saurait elle-même recevoir comme l'élément essentiel de l'enseignement du maître. Abauzit, par l'étude suivie de l'ordre et de l'enchaînement des idées, de la marche ordinaire du discours, a repoussé comme contraires aux données de la saine raison toutes les conséquences que l'on pouvait arbitrairement tirer de nombreuses déclarations des livres saints, déclarations dont le sens doit être donné par la connaissance approfondie de la langue et par une exacte analyse de la pensée de l'écrivain sacré.

Cependant ses recherches sur la personne du fondateur du christianisme ne sont pas encore finies. Après avoir entendu les dépositions des disciples, il interroge le maître. Il veut savoir quelle est la connaissance que Jésus-Christ s'attribue à lui-même. Jésus ne craint pas de se faire connaître ; il ne craint pas de nous faire pénétrer dans les profondeurs de son âme et de nous dire franchement quelle est sa puissance et sa vertu. Mais peut-être égaré par les prétentions téméraires d'un orgueil excessif s'attribue-t-il à lui-même cette vertu et cette puissance ? ou bien emporté par l'élan d'un cœur plein d'amour et d'une reconnaissance infinie, les fait-il remonter à la source de toute grâce excellente et de tout don parfait, à la cause éternelle de la vie, à l'être absolu, qui ne cesse de manifester sa sollicitude sans borne pour le bien des hommes, que trahissent presque toujours leurs forces quand ils doivent vivre selon la loi de la justice et de la charité ? Les fait-il enfin remonter à Dieu ? S'il sonde les cœurs et les reins, il ne le fait pas, grâce à des facultés qui lui soient propres et naturelles ; c'est Dieu qui lui révèle toute connaissance et qui l'orne des talents les plus brillants. S'il guérit les maux physiques, s'il délivre l'âme du poids écrasant du remords, ce ver rongeur et insatiable, il ne le fait pas de sa propre autorité, mais en vertu d'un pouvoir qu'il a reçu de Dieu.

Les déclarations abondent sur ce point, et leur simplicité doit écarter toute erreur d'interprétation. Nous rencontrons ici une observation principale sur laquelle notre auteur revient constamment : c'est que selon tous les apôtres, Jésus-Christ guérit les maladies et pardonne les péchés à cause de son *exaltation* et non pas en vertu de son origine divine. Son pouvoir lui vient d'en haut; il ne peut rien faire par lui-même. Avec cette connaissance de la personne du Christ, Abauzit repousse de toutes les forces de son âme le culte sacrilége à ses yeux que la majorité des chrétiens lui rend par ignorance de sa véritable nature. L'encens que l'on fait brûler avec tant de majesté et d'éclat sur ses autels soulève dans son cœur tous les mouvements d'une légitime indignation. Si donc pareil culte est une profanation, comment doit-on alors traiter le prophète de Nazareth? Quel est l'honneur qui lui est dû? L'honneur qu'Abauzit demande pour Jésus est d'une heureuse simplicité, qui répond on ne peut mieux à son caractère. Une connaissance profonde de l'enseignement et de la pensée intime du Sauveur, une vive pénétration de sa vie toute divine par une âme aussi belle que rare, une communion de conscience religieuse avec lui, tout cela a donné à notre auteur une claire intelligence des hommages qui lui sont dus! Nous devons à Jésus-Christ respect, amour et reconnaissance. L'adorer serait un outrage fait au Dieu souverain : l'adoration n'appartient qu'à l'Être absolu qui a dit : « Je suis celui qui suis. » Aussi n'a-t-on jamais adoré le Christ; seulement on s'est prosterné devant lui suivant l'antique habitude de l'Orient; on l'a honoré, selon les apôtres, parce qu'il a été l'envoyé et le représentant de Dieu sur la terre, de telle sorte qu'il est permis de dire « que les honneurs qu'il reçoit sont attachés à son emploi et nullement à sa propre nature. » Abauzit dans un résumé de sa franche pensée sur le caractère de Jésus s'exprime dans des termes que tous les chrétiens n'approuveraient pas, sans doute, mais que tous regarderaient comme le témoignage d'une foi sincère et ardente. « De tous ces passages il est aisé de conclure quelle sorte d'honneur nous devons à Jésus-Christ; ils nous enseignent d'un consentement unanime, que c'est en vertu de son exaltation, et non d'aucun droit qu'il ait naturellement. D'un autre côté nous ne voyons nulle part qu'il soit l'Être adorable par lui-même, et pour moi j'avoue qu'un tel silence me frappe : au moins mérite-t-il qu'on y fasse attention, et qu'on suspende pour un moment ses préjugés, avant d'en venir à une adoration téméraire et précipitée. Il faut donc consulter soigneusement l'Écriture, de peur d'adorer ce qu'on ne connaît point. Toutes les fois qu'elle m'ordonne de rendre mes hommages à Jésus-Christ, elle y apporte toujours quelques restrictions, elle sauve si clairement les droits du créateur, qu'ils n'en sauraient recevoir la moindre atteinte. Au contraire, ils n'en paraissent que mieux établis; car elle me dit que je dois honorer Jésus-Christ, tantôt parce que Dieu l'a infiniment élevé, et l'a revêtu d'une dignité plus excellente que celle des anges; tantôt parce que la gloire du souverain y est intéressée en ce qu'il se voit honoré lui-même, quand on respecte le caractère de son envoyé. Ainsi je regarde Jésus-Christ comme le grand et infaillible docteur ; j'admire son pouvoir, ses vertus, ses talents extraordinaires ; je le reconnais pour mon supérieur, et comme devant être un jour mon juge ; j'avoue qu'après Dieu il est l'auteur de mon salut ; je suis pénétré de reconnaissance envers lui ; je célèbre sa mémoire, et les honneurs que je lui rends suivent la mesure de mes louanges. Je m'abaisse devant le roi des rois, je respecte en lui l'image et le chef-d'œuvre de Dieu ; surtout je l'honore quand je m'efforce de lui obéir, et que je prends ses préceptes pour ma règle de vie. Voilà la manière d'honorer Jésus-Christ, du moins me paraît-elle la véritable ; et il est permis à chacun de suivre ses lumières, lorsqu'il les puise dans la révélation. »

Il résulte clairement de notre exposé qu'aux yeux d'Abauzit la personne de Jésus participe complétement à la nature humaine et que tout son pouvoir lui vient de Dieu. Cependant son humanité est rehaussée par l'élément divin que sa mission exigeait ; son humanité brille de tout l'éclat de l'éternelle vérité qu'il est venu porter dans un monde malheureux, impuisant, et plongé dans les maux d'une âme qui repousse le bien. Son humanité exhale l'enivrant parfum de l'amour divin qu'il a répandu au milieu des hommes corrompus et comme empoisonnés par le souffle morbide de passions déréglées, bestiales.

Ainsi notre auteur, fort de ses intentions, et soutenu par une foi vivante, s'est efforcé de jeter des traits de vive lumière sur le caractère du Christ, obscurci par les substilités d'une métaphysique raffinée, et de dissiper enfin les nuages qui ont dérobé depuis si longtemps à la contemplation des hommes cette sublime figure, dont la sérénité et la douceur ont su captiver les âmes pieuses, aimantes, et se les rattacher par les liens d'un amour invincible. Le mystère s'évanouit, le mystère, cet oreiller si doux pour les intelligences faibles et paresseuses! Si donc la personne de Jésus se trouve réduite aux simples proportions de la personnalité humaine, que sera-ce de sa doctrine? Sera-t-elle simple, claire, compréhensible? Sera-t-elle à la portée des esprits cultivés et des esprits incultes? ou bien sera-t-elle impénétrable, inaccessible? Sera-t-elle entourée comme d'un rempart infranchissable par l'éternel mystère de la scolastique? En un mot renfermera-t-elle des mystères?

Rien d'obscur ni de mystérieux dans la doctrine du maître. Tout y est lumière, car tout y est vérité. Elle renferme bien, il est vrai, le mot *mystère,* mais qu'est-ce à dire? Le mystère selon le sens qu'il revêt dans l'économie chrétienne n'est autre chose « que ces vérités que la révélation nous découvre et qui nous étaient inconnues lorsque nous n'avions que la raison pour guide. » Dans cette question, notre auteur se permet quelques sages conseils sur notre conduite à l'égard de ces prétendus mystères, et dit à propos des théologiens de son temps quelques vérités que l'on pourrait, avec raison, répéter aujourd'hui aux partisans passionnés d'un dogmatisme qui croule déjà de toutes parts. Au lieu de laisser son imagination s'égarer dans un monde de rêves et de chimères, ne serait-il pas préférable d'étudier, de méditer les mystères ou vérités révélées, par exemple les vérités de la morale que l'on n'approfondit pas assez, les profondeurs du cœur de l'homme et les mystères du plan de Dieu pour le salut de l'humanité? C'est là, d'après Abauzit, la grande fonction de l'homme, « au lieu de s'occuper de ces mystères abstraits et métaphysiques qui exercent si inutilement l'esprit des théologiens, et qui produisent si souvent parmi eux de l'aigreur, de l'animosité et des divisions. » Ainsi donc la doctrine du Christ comme conséquence de ce que nous venons de voir peut être comprise par la raison comme sa personne peut être saisie par l'intelligence, de telle sorte que l'on doit affirmer que la révélation est le complément nécessaire de la raison humaine selon les plans éternels de Dieu pour le progrès et le perfectionnement de l'humanité. En effet, cette dernière porte en elle-même les germes du bien et de l'amour, mais il faut la douce influence des vérités révélées pour les faire croître et fleurir. L'humanité dans l'heureux épanouissement de ces germes féconds formera le royaume de Dieu. Mais l'humanité n'est pas encore arrivée au bout de sa carrière; le mal règne dans le monde; l'homme est esclave; il importe de le mettre en liberté et de l'introduire pénitent et régénéré dans ce nouveau royaume, dont le chef sera Dieu et sa volonté, la loi. Ce royaume spirituel fondé sur l'obéissance et l'amour sera manifesté par deux signes visibles: le baptême et la sainte Cène.

*Le baptême* d'origine juive, selon Abauzit, est une solennelle consécration de l'homme au Père, au Fils et au Saint-Esprit. En effet, l'homme reçoit le baptême pour être disciple du Père qui s'est révélé dans l'Ancien Testament, pour être disciple du Fils qui lui a parlé dans l'Évangile, enfin pour être disciple du Saint-Esprit qui devait les instruire par le moyen des apôtres.

Le baptême réunit ainsi les divers membres du

royaume, que la sainte Cène réduira en un seul corps, vivant de la même vie, se nourrissant de la même espérance.

*La sainte Cène*, dans l'esprit de son fondateur, est d'une remarquable simplicité; mais les hommes en ont obscurci la clarté, ils ont changé la lumière en profondes ténèbres « chose étrange! ce qui était destiné de sa nature à cimenter l'union, cela même est devenu le signal de la guerre; ce qui était un festin d'amour et de charité chez les premiers chrétiens et qu'on appelait pour cet effet du beau nom d'*agapes*, étale à leurs descendants une pomme de discorde et avec elle toutes les horreurs de la division. »

La sainte Cène a été établie par Jésus-Christ, en commémoration du sacrifice de sa vie pour le triomphe de la vérité introduite par lui dans un monde languissant et décrépit. Il l'a instituée pour perpétuer au milieu de ses disciples le souvenir d'une vie d'amour et de dévouement qu'ils doivent imiter. Le pain et le vin d'un repas fait en commun leur rappelleront les vertus de celui qu'ils ont connu et aimé. Le souvenir du Christ puisé dans une nécessité de la vie rapprochera les uns des autres les divers membres de la nouvelle société qui, semblable au grain de sénevé, ira en grandissant de plus en plus et finira par couvrir la sur face du monde. Sa propagation sera opérée par deux agents supérieurs: l'esprit saint et l'esprit de l'homme dans toute sa pureté et dans toute sa liberté.

*L'Esprit saint* suivant notre auteur n'est pas la troisième personne de la sainte Trinité; il signifie la puissance de Dieu ou la vertu par laquelle il opère. C'est une lumière qui éclaire l'intelligence de l'homme; c'est une force qui supplée à la faiblesse naturelle de son cœur; c'est le soleil du monde invisible qui développe la vérité déposée par Christ dans le sein de l'humanité. Reste maintenant l'esprit de l'homme, que la majorité des chrétiens regarde comme incapable et indigne de concourir avec l'Esprit-saint à l'extension du royaume de Dieu par suite de la chute d'Adam; en effet, par cette dernière, l'homme a perdu la notion du vrai, de la vertu, il a perdu sa liberté et la force de faire le bien; il a été réduit à l'impuissance. Abauzit proteste de toutes les forces de son âme contre cette révoltante doctrine qui, sans raison, avilit et dégrade l'œuvre de Dieu. Non, la nature de l'homme n'a jamais été altérée par les conséquences d'une chute imaginaire; l'homme possède, en venant au monde, ses facultés à l'état naturel, si l'on peut ainsi dire, et c'est lui-même qui les affaiblit ou les développe, suivant l'usage qu'il fait de sa liberté. La doctrine du péché originel doit son existence à la fausse interprétation d'une simple formule du Code pénal de l'antique législateur: «Tu mourras de mort.» Le péché originel peut être considéré comme le synonyme d'une peccabilité inhérente à la nature humaine: quiconque péchera comme Adam recevra une punition identique à la sienne. Abauzit s'est livré à l'examen de ce dogme pour donner lieu à des investigations et à l'éclaircisse- de la vérité. «Si mes pensées, dit-il, sont justes, elles débarrasseront la théologie d'une infinité de questions inutiles. Dieu nous garde tous de préjugés!» Il veut ainsi, par ses travaux isolés, pousser les esprits de son temps à l'étude de l'Écriture sainte pour connaître la véritable doctrine de Jésus-Christ; il veut ouvrir la voie à l'exégèse sacrée.

Nous touchons ici à la fin de notre exposé. Peut-être y a-t-il des points qui n'ont pas été assez éclaircis; peut-être avons-nous laissé dans l'ombre des traits qui, bien saisis, auraient jeté une vive lumière sur l'ensemble des idées de notre auteur. Mais, comme nous l'avons dit en commençant, nous devions compter sur les difficultés que présentait une pareille étude. Les difficultés ont-elles été vaincues? Nous l'ignorons. Cependant, malgré les lacunes de notre exposition, nous aurons trouvé dans Abauzit ce principe supérieur: tout ce qui s'accomplit sur notre terre s'accomplit au moyen de deux facteurs, Dieu et l'humanité relevée, régénérée par Christ et mise par lui à la hauteur de sa mission. Grandiose conception bien digne de ce grand esprit, qui défendait avec ardeur contre Fontenelle les immortelles découvertes du célèbre Newton!

La critique des opinions théologiques d'Abauzit n'est pas chose facile pour celui auquel l'âge n'a pas encore permis de faire des études approfondies sur la nature de l'homme et l'Écriture sainte. Aussi notre expérience doit-elle nous imposer une prudence extrême. Cependant, pénétré du sentiment de notre faiblesse et fort de l'indulgence de nos lecteurs, nous nous permettrons quelques observations générales.

Nous trouvons d'abord chez Abauzit cette opinion, que tout homme par les facultés supérieures qu'il a reçues de la munificence de Dieu, ou bien par ses lumières naturelles, a pu de tout temps s'élever à la connaissance de l'Être absolu. Cette opinion, qui ne s'appuie sur aucun fait, résulte de la nature de l'esprit de notre auteur. Doué d'un grand esprit philosophique, d'une logique inflexible, il a admis en théorie que tout homme doté de facultés supérieures, d'intelligence, de raison, devait parvenir à la connaissance de Dieu ; mais sur le terrain de la pratique, par l'observation de la vie de l'homme, il est arrivé à des idées tout opposées et même contradictoires. En effet, dit-il, « on a pu remarquer en même temps que ce n'est pas sans difficultés qu'on vient à bout de ces recherches (sur Dieu, ses perfections etc.), elles demandent un esprit attentif qui ne se laisse point distraire par les objets sensibles. Ce ne sont pas ici des vérités qui se fassent d'abord apercevoir par leur éclat ; il faut du travail et de la méditation pour les trouver ; il faut établir des principes, tirer des conséquences, et c'est de quoi tous les hommes ne sont pas capables. Les uns sont trop détournés par les occupations continuelles de la vie ; les autres ne se rendent qu'à ce qui frappe les sens, soit que ce défaut vienne de l'éducation ou d'ailleurs. Il y en a qui ont l'esprit naturellement tardif, qui ne sauraient presque rien découvrir d'eux-mêmes, et qu'on ne peut conduire que par voie d'autorité. »

Ainsi donc pour connaître Dieu il faut être philosophe, et la philosophie constitue la religion naturelle ; cette religion est une affaire d'intelligence et de raison ; le cœur n'y prend aucune part. Cette religion, reposant tout à fait sur la philosophie, ne peut pas être la religion de la généralité des hommes, car tous les hommes ne sont pas philosophes : voilà pour la religion naturelle. Quant à la religion révélée qui est, selon Abauzit, le complément de la naturelle, elle doit avoir le caractère de la chose qu'elle complète. Comme la religion naturelle repose sur les principes obtenus par la raison, elle doit reposer elle-même sur des principes que la raison humaine comprend, qu'elle peut s'assimiler, mais qu'une raison supérieure lui a donnés. Ces principes sont toutefois du domaine de la raison de l'homme. De l'identité de principes il est facile de conclure à l'identité des deux religions, la religion naturelle et la religion révélée; la religion révélée est donc, selon notre auteur, une philosophie, mais une philosophie supérieure donnée par un *docteur infaillible*, *Jésus-Christ*, pour servir de règle « aux esprits tardifs, qui ne sauraient presque rien découvrir d'eux-mêmes, et qu'on ne peut conduire que par voie d'autorité. »

On le voit bien, la religion révélée n'est pas, aux yeux d'Abauzit, la religion du cœur, de l'amour; et s'il a été pourtant un vrai chrétien, il ne l'a été que par la puissance de sa raison qui s'est assimilé les vérités du Christ; s'il a été doux, charitable, il ne l'a été que par l'esprit de justice qui l'a toujours animé.

Nous voyons ensuite qu'Abauzit s'est livré à de nombreuses études sur la personne de Jésus-Christ. Dans toutes ces études il fait usage d'une exégèse assez avancée pour son époque, il est vrai, mais qui est encore bien loin de remplir toutes les conditions d'une exégèse saine et complète. En effet, l'exégèse, au point où elle est arrivée de nos jours repose sur les règles grammaticales des langues dans lesquelles sont écrits les livres que l'on étudie, et sur les événements, les coutumes et la manière de penser des temps dans lesquels ils ont été composés. Elle renferme donc un élément grammatical et un élément historique. De ces deux éléments notre auteur a possédé le premier, et par l'emploi sage, modéré qu'il en a fait, il est arrivé sur divers points, entre autres le caractère de Jésus-Christ, sa doctrine, le baptême, la sainte Cène, le Saint-Esprit, aux résultats de l'exégèse actuelle. Mais le second élément lui fait complétement défaut. Privé, pour ainsi dire, de ce puissant levier, il n'a pas été en état de constater que de bonne heure et du vivant même des apôtres, des chrétiens animés plutôt d'un ardent esprit de curiosité que remplis du saint désir de marcher sur les traces de leur Maître, ont adopté dans leurs investigations sur la personne du Christ, les théories extravagantes des systèmes philosophiques de leur temps ; il ne lui a pas été permis non plus de constater que les apôtres eux-mêmes, abandonnant pour un moment le terrain de la pratique, dans le but de combattre le gnosticisme, naissant dans l'église chrétienne, ont employé les notions métaphysiques qui avaient cours dans les écoles de leur époque. Ainsi[1] « Paul conçoit l'élément divin en Christ comme le principe qui de tout temps a formé l'intermédiaire entre Dieu et l'homme, par lequel Dieu a créé l'universalité des choses (Col. I, 16 ; 1 Corinth. VIII, 6) et a constamment dirigé les hommes (1 Corinth. X, 4) et que l'apôtre désigne (Col. I, 13, ss.) comme le fils et l'image de Dieu, comme le premier né d'entre toutes les créatures, il est probable que tous ces passages se fondent sur la distinction du Dieu caché et du Dieu révélé, distinction déjà indiquée dans les livres de l'Ancien Testament où il est question de la sagesse divine (Prov. VIII, 9 ; Sap. VII, 9), cette distinction qui était certainement très-familière aux écoles théologiques des Juifs devait l'être aussi à Paul

---

[1] J. C. L. Gieseler, *Histoire des dogmes*, p. 34.

qui y avait reçu son éducation. Aussi l'élément divin qui est en Christ et par lequel les hommes ont eu la plus haute et la plus complète révélation, est-il pour cet apôtre la manifestation de Dieu. » De son côté, l'auteur du quatrième évangile, comme l'a prouvé M. le professeur Reuss, a emprunté ses prémisses dogmatiques à la philosophie néo-platonicienne.

Quoi qu'il en soit, notre auteur peut être considéré comme appartenant à cette glorieuse phalange d'hommes courageux qui par leurs travaux consciencieux et hardis ont eu l'insigne privilége d'ouvrir à la théologie un nouvel horizon en la délivrant des chaînes qu'une dogmatique étroite, et inintelligente lui avait imposées, de ramener le christianisme à sa pureté primitive, et de montrer un Christ historique, qui a vécu et souffert en Palestine il y a dix-huit siècles. Il appartient à juste titre à cette série de savants qui de bonne heure dans le sein du protestantisme français ont attaché leurs noms à des aperçus tout nouveaux et d'une frappante vérité sur les livres de l'Ancien et du Nouveau Testament. Pour lui, dans son discours sur l'apocalypse, il a cru découvrir que l'apocalypse elle-même n'est que le développement de la prophétie de Jésus-Christ sur la ruine de Jérusalem (Matth. chap. XXIV). Ainsi donc comme tous ces savants dont s'honore la réformation française, il a rendu des services signalés à la science théologique. Et c'est à ce titre, disons-le, qu'il mérite d'être connu. Nous serions heureux nous-même si par notre étude, très-imparfaite, sans aucun doute, nous avions réussi à le faire connaître!

# THÈSES.

### I.

Le monothéisme chez les Hébreux ne date que de Moïse.

### II.

Le livre de la Loi trouvé sous Josias n'est autre que le Deutéronome.

### III.

Le Deutéronome est la partie la plus ancienne du Pentateuque.

### IV.

L'auteur de l'Apocalypse n'est pas celui du quatrième évangile.

### V.

Les confessions de foi prises comme *norma fidei* sont un retour au catholicisme.

### VI.

Toute religion qui redoute les progrès de la science porte en elle un principe de dissolution et de mort.

### VII.

Le catholicisme et la philosophie sont essentiellement incompatibles.

## VIII.

L'apologétique chrétienne, pourvu qu'elle ne se fasse pas de l'inspiration une idée trop étroite, pourra toujours lutter avec succès contre l'incrédulité.

Vu par le président de la soutenance,
Strasbourg, le 17 mai 1865.
RICHARD.

Permis d'imprimer,
Strasbourg, le 18 mai 1865.
Le Recteur, DELCASSO.

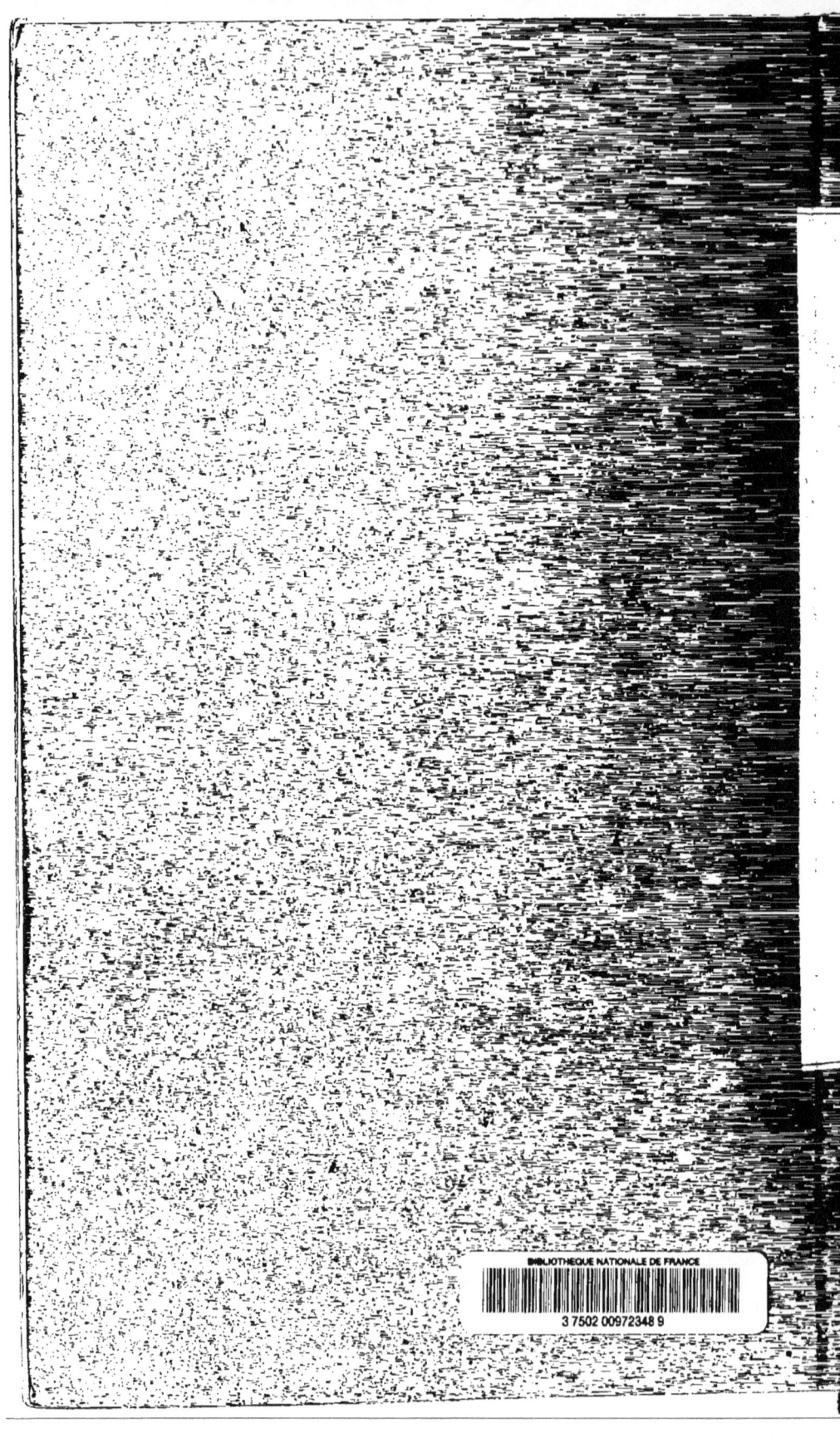

www.ingramcontent.com/pod-product-compliance
Lightning Source LLC
Chambersburg PA
CBHW060458050426
42451CB00009B/708